LES MEURTRES DU MURCHISON

I0112207

Pour bien relater l'affaire Snowy Rowles, il est impossible de ne pas tenir compte de mon travail en tant que romancier, car, bien que je n'aie pas fourni de mobile à Rowles et que je n'aie en aucun cas été complice avant ou après les faits, le Ministère public a prétendu que je lui avais fourni une méthode pour faire disparaître les corps de ses victimes.

Trois meurtres, trois meurtres parfaits... près de la clôture anti-lapins, dans la désolation de l'Australie Occidentale. Parfait, sauf que le processus était exactement celui décrit dans le roman policier d'Arthur Upfield, *The Sands of Windee* (1931).[1]

Tout commença en 1929, alors qu'Upfield travaillait le long de la clôture et préparait un nouveau roman mettant en scène l'inspecteur de police aborigène Napoléon Bonaparte. Son ami George Ritchie avait mis au point une méthode géniale pour se débarrasser d'un corps dans le désert australien, si géniale qu'Upfield offrit une livre sterling à Ritchie s'il pouvait trouver une faille dans le procédé. Le 5 octobre 1929, Upfield, Ritchie et Snowy Rowles, le contrôleur responsable de la limite nord de la clôture, se rencontrèrent à Camel Station et discutèrent de la méthode d'assassinat décrite dans le livre à paraître...

Voilà le récit d'Upfield lui-même sur l'affaire d'homicide mettant en cause Snowy Rowles, complété par des photographies de la police.

www.arthurupfield.com

Arthur Upfield en 1929

LES MEURTRES DU MURCHISON

ARTHUR W. UPFIELD

Traduit de l'anglais (Australie)
par Marie-Laure Vuaille-Barcan

ETT IMPRINT

Newcastle-Paris Link

Présente édition révisée publiée par ETT Imprint, Exile Bay, 2023

Traduction française   Marie-Laure Vuaille-Barcan 2023

Ce livre est protégé par le droit d'auteur. À l'exception de l'utilisation légitime à des fins d'étude privée, de recherches, de critique ou de compte rendu, telle que permise par la Loi sur le droit d'auteur, aucune partie ne peut être reproduite par quelque procédé que ce soit sans autorisation écrite. Les demandes de renseignements doivent être adressées aux éditeurs :

ETT IMPRINT
PO Box R1906
Royal Exchange NSW 1225
Australie

Copyright   William Upfield 2015, 2023

Publication par ETT Imprint en 2015
Réimpression en 2018
Première publication électronique par ETT Imprint en 2015

ISBN 978-1-923024-63-2 (paper)
ISBN 978-1-923024-64-9 (ebook)

Conception de Tom Thompson
Couverture : preuves apportées par la police à l'encontre de Snowy Rowles
Conception de la couverture : Tom Thompson

Une publication de Newcastle-Paris Link
En mémoire de Jean-Paul Delamotte

LES MEURTRES DU MURCHISON

Il est essentiel de donner une image claire de la région et de décrire les personnalités impliquées dans le meurtre le plus sensationnel qui ait jamais eu lieu en Australie pour apprécier à sa juste valeur une affaire qui contient, comme c'est le cas, des éléments considérés comme exceptionnels.

Dans le bush de l'Australie Occidentale, trois hommes disparurent entre le 8 décembre 1929 et le 18 mai 1930, et ce n'est qu'au mois de février suivant que des membres de la famille de l'un d'entre eux, se renseignant depuis la Nouvelle-Zélande, attirèrent l'attention de la police sur ces disparitions et déclenchèrent une enquête qui dura de nombreux mois et nécessita de parcourir des milliers de kilomètres ainsi que de compiler des volumes entiers de rapports et de dépositions.

Tout cela parce qu'un romancier était à la recherche d'une intrigue à utiliser dans une histoire de meurtre et de mystère.

Deux vues de Camel Station (ferme de chameaux du gouvernement)

La ferme de chameaux du gouvernement

La ferme de chameaux du gouvernement (Camel Station) se trouve à 260 kilomètres au nord de la ville de Burracoppin, dans une région de culture du blé et à environ 120 kilomètres au sud de la ville aurifère de Paynesville.

La propriété principale est un bâtiment en pierre constitué de quatre pièces et d'une cuisine, situé à environ 100 mètres à l'ouest de la clôture anti-lapins qui, du sud à la côte nord-ouest, fait environ 2000 kilomètres de long et est sans aucun doute la plus longue clôture en grillage du monde. En se tenant à la porte d'entrée de la propriété, on fait face à l'est, ce qui permet de voir la clôture et le mur de broussailles du mulga[2] au-delà du tracé de la clôture. De la porte arrière, quelques acacias épars sont les seuls obstacles à la vue. A environ 500 mètres au nord-ouest, une colline à deux sommets s'élève d'une plaine à peu près circulaire, les deux sommets formant les bosses arrondies de l'animal qui a donné son nom à l'endroit : Dromedary Hill, la Colline du Dromadaire.

Les personnes qui connaissent bien la région savent que, vers le nord, le long de la clôture à la lisière de la forêt de broussailles, il y a une cabane et un puits appelé Watson's Well ; que, vers le sud, le long de la clôture, il n'y a rien jusqu'à Campian, à 220 kilomètres de distance ; qu'en suivant une piste vers l'ouest pendant 16 kilomètres, on atteindra The Fountain, une cabane d'éleveur et, après 16 kilomètres de plus, la propriété de Narndee Station, exploitation à laquelle appartient la cabane de l'éleveur.

Pour ce qui est des déplacements de personnes et de véhicules, il fallait attendre une semaine, ou même deux, pour voir un visage humain ou une voiture poussiéreuse passer le long de la clôture ; et il était rare qu'un employé de Narndee fasse une halte lorsqu'il se rendait dans les enclos de la ferme, à l'est de Camel Station.

C'était une terre desséchée, assoiffée, surchauffée en été ; éclatante, vivifiante, splendide en hiver.

George Ritchie vivait à Camel Station. Une fois par mois, deux contrôleurs de la clôture du gouvernement s'y rendaient à cheval :

Lance Maddison, du nord, et Arthur Upfield, du sud. De l'ouest, à intervalles irréguliers, venaient un entrepreneur nommé James Ryan et un éleveur du nom de « Snowy » Rowles. Ces hommes étaient destinés à jouer des rôles importants dans un terrible drame.

« Snowy » Rowles entre en scène

Je rencontrai Rowles pour la première fois au camp de Narndee, The Fountain, où il était en poste. Il avait alors vingt-cinq ans ; c'était un homme bien proportionné, aux cheveux clairs, aux yeux bleus, rasé de près, bien habillé et, du point de vue féminin, plus beau que la moyenne.

En regardant en arrière, je ne peux trouver aucune raison pour que quiconque dans la région du Murchison n'apprécie pas Snowy Rowles. Sa venue dans un camp du bush venait immédiatement à bout de la morosité. Un jour, vers la fin de l'année 28, il arriva à Camel Station, sur une moto, à la recherche d'un travail. Il se trouvait que le propriétaire de Narndee avait acheté au gouvernement un lot de mules dont un casseur s'occupait dans les chantiers de Dromedary Hill, en attendant qu'elles soient emmenées à Narndee. Rowles proposa de monter ses mules les plus difficiles pour faire de l'exercice.

Il ne faisait aucun doute pour quiconque l'avait vu qu'il montait aussi bien que les meilleurs cavaliers de tout le nord-ouest de l'État. On lui proposa de venir travailler à Narndee, ce qu'il accepta.

Son aptitude à monter à cheval était le premier point en faveur de cet étranger nouvellement arrivé. Le deuxième point était un tempérament équilibré, le troisième une disposition des plus engageantes, et la quatrième, la volonté de rendre service. Cinquièmement, il était un bon parieur et un bon perdant. Et le sixième point, le plus important, était son sens de l'humour.

Un jour, à son arrivée à Dromedary Hill, nous lui demandâmes s'il avait apporté de la viande, car nous devions manger soit de la prétendue viande en boîte, soit du kangourou. Non, il n'en avait pas. Il fallait donc qu'il retourne à son camp (à 15 kilomètres) pour en trouver.

- D'accord ! Sortez la poêle à frire, nous exhorta-t-il en riant ; et il partit sur sa moto dans un nuage de poussière.

S'attendant à avoir au moins un quartier de viande de mouton, nous nous occupâmes du feu et de la poêle. Au bout d'une demi-heure, on l'aperçut qui zigzaguait dans tous les sens dans la plaine entre la maison et la colline, avec un jet de poussière aussi gros qu'un nuage devant sa machine.

- Que diable fait-il ? demanda mon compagnon.

John Thomas Smith, mieux connu sous le nom de « Snowy » Rowles

- J'ai toujours pensé que ce qu'il fallait dans ces régions, c'est une paire de jumelles, répondis-je. Il va se rompre le cou entre ces terriers de lapins et ces rochers.

C'était un terrain sur lequel je n'aurais pas fait galoper un cheval.

Au lieu d'apporter un quartier de mouton, Snowy Rowles fit entrer dans la cour un grand kangourou qu'il avait rabattu et il le ramena comme un homme à cheval reconduit un mouton à la ferme.

Des intrigues et une intrigue

Pour bien relater l'affaire Snowy Rowles, il est impossible de ne pas tenir compte de mon travail en tant que romancier, car, bien que je n'aie pas fourni de mobile à Rowles et que je n'aie en aucun cas été complice avant ou après les faits, le Ministère public a prétendu que je lui avais fourni une méthode pour faire disparaître les corps de ses victimes.

L'ambition de nombreux romanciers libérés de l'obsession du sexe est de découvrir une intrigue originale, ou du moins une variation originale d'une ancienne intrigue. Les intrigues de fiction sont comme des pépites d'or extraites d'une mine unique. Il y a cent ans, cette mine contenait beaucoup d'or ; aujourd'hui, les pépites sont rares et il faut beaucoup creuser pour les dénicher.

Des pépites notables ont été découvertes par Anthony Hope dans *Le Prisonnier de Zenda*, Burroughs dans *Tarzan Seigneur de la jungle* et Rudd dans *On Our Selection*.[3] Il s'agit de pépites, au sens propre comme au sens figuré.

Pendant un séjour de plusieurs semaines à Camel Station au début de l'hiver 1929, je réfléchis beaucoup au type d'histoire qui suivrait l'étude psychologique, alors en voie d'achèvement, d'un homme solitaire sur une plage désolée. Jour après jour, Ritchie et moi suivions une routine de travail simple. Le matin, l'un de nous amenait les deux chameaux avec lesquels nous travaillions, et ceux-ci étaient attelés à une lourde charrette ; on leur apprenait à la tirer, à marcher, à trotter, à s'arrêter calmement aux portails et, surtout, à rester immobiles.

Pour nous, la conduite constante devint rapidement un automatisme, et lorsque le travail devient un automatisme, l'esprit est libre de vagabonder. Un jour de froid glacial, alors que nous faisions le tour de Dromedary Hill en voiture, je me souvins que Wilkie Collins avait déterré la pépite du meurtre-mystère dans la mine des intrigues en or. Des variations de pépites avaient été déterrées par des maîtres tels qu'Edgar Allen Poe et Sir Arthur Conan Doyle ; mais il me sembla que ces derniers et d'autres chercheurs d'or moins doués dans ce domaine étaient liés par un même ensemble de règles en acier trempé. Le corps d'une personne assassinée est retrouvé - autrefois sur le sol de la bibliothèque, plus récemment sur le toit d'un bus, sous un ascenseur ou dans un autre endroit improbable -, l'inspecteur examine le cadavre et son enquête conduit inévitablement à l'arrestation du meurtrier.

Des questions exigeaient une réponse. Pourquoi un cadavre ? Pourquoi se contenter de ce qui satisfaisait nos grands-pères ? Pourquoi continuer à maculer de sang les pages d'un roman ? Voilà donc une nouvelle pépite, une belle pépite thématique, qui ne demandait qu'à être découverte. Au lieu d'avoir le même vieux cadavre dans le premier chapitre, comme l'ont toujours fait les maîtres et leurs disciples moutonniers, pourquoi ne pas dater un meurtre fictif deux mois avant le début de l'histoire ? Pourquoi ne pas écrire une énigme policière sans cadavre ? En bref, pourquoi ne pas faire disparaître complètement le corps d'une victime d'homicide, et permettre ensuite à mon inspecteur fictif Napoléon Bonaparte de prouver, premièrement, qu'un meurtre a été commis, deuxièmement, comment il a été commis et, troisièmement, qui l'a commis ? Je pourrais lui faire commencer son enquête deux mois après l'élimination du cadavre sans laisser de traces.

Difficultés

L'idée était séduisante, mais lui donner vie a rapidement présenté des difficultés.

Combien de meurtriers dans la vie réelle - y compris des médecins et d'autres personnes intelligentes - n'avaient pas réussi à se débarrasser des corps de leurs victimes, malgré toute leur ingéniosité ! Crippen, Landru et Mahon viennent facilement à l'esprit ; et le sort de Deeming était scellé. Ils avaient tous découpé leur victime et n'avaient pas réussi à en faire disparaître les morceaux. De tous les tueurs, c'est peut-être le Barbe-Bleue de Paris (Landru) qui avait été le plus près de réussir.

Je fus confronté à ce que j'appellerais le problème numéro un. Avec des outils que le commun des mortels peut se procurer, comment peut-on faire disparaître un corps humain au point qu'il n'y ait plus aucune trace de son existence pour condamner un meurtrier ? Un crématorium ou un bain d'acide corrosif n'est pas à la portée des gens ordinaires désireux de tromper la justice. Jeter un corps dans un puits, voire le faire tomber dans un puits de mine abandonné et faire exploser des tonnes de terre dessus, ne le détruirait pas. Bien que dissimulé, il existerait toujours, et présenterait toujours une menace pour la sécurité du meurtrier.

Suggestion de pépite

J'avais décidé de l'endroit où se déroulerait l'histoire à écrire. J'avais rassemblé autour de moi les personnages, j'avais même prévu un schéma approximatif de l'action, mais je ne pouvais pas commencer l'histoire parce que je n'arrivais pas à inventer une méthode simple et efficace pour faire disparaître le cadavre que j'avais prévu.

Un soir, alors que je jouais au poker et qu'un vent froid du sud grondait dans la cheminée au-dessus de l'âtre rugissant, je demandai à Ritchie :

- Pourrais-tu me dire quel est le meilleur moyen de se débarrasser des restes d'un homme, en supposant que je l'ai tué sur le papier ? Je veux une méthode pour faire disparaître complètement un corps humain et qu'il ne reste pas la moindre trace que Bony puisse trouver.

- Quoi ! Tu vas commencer un autre livre ?

- Oui, je vais le faire. Je veux écrire une autre histoire de Bony, dans laquelle il obtiendra une enquête digne de son intelligence et de ses compétences d'habitant du bush. Je veux lui donner l'affaire de sa vie, si je peux trouver un moyen simple de me débarrasser de la question rebattue du cadavre.

Arthur Upfield avec ses chameaux en 1929
En dessous: un mortier-pilon

- Bon, d'accord. Supposons que je veuille te liquider Je t'emmènerais par ruse dans le bush, et quand tu aurais le dos tourné, je te tuerais d'un coup de fusil. Ensuite, je ramasserais du bois et je t'allongerais dessus, avec tes vêtements, tes bottes et tout le reste, puis j'entasserais du bois sur toi, et je te brûlerais. Quelques jours plus tard, je reviendrais avec un tamis, je passerais toutes les cendres au tamis et j'en retirerais tous les objets en métal, et chaque morceau d'os qui n'a pas été consumé par le feu. Les objets métalliques pourraient être jetés dans un puits, et je réduirais les os en poussière. Pour que quelqu'un qui passerait par hasard ne se demande pas à quoi avait vraiment servi le feu, j'abattrais deux kangourous et je les brûlerais au même endroit.

Je sortis et regardai les étoiles glacées. Le nœud de mon problème numéro un, c'était un mortier-pilon pour les os qu'un feu ordinaire ne détruirait pas. Pourquoi n'avais-je pas pensé à un mortier-pilon ? C'était un objet courant dans le Murchison, comme dans d'autres régions d'Australie.

Tout le monde pouvait posséder un mortier-pilon. Il y en avait un dans l'atelier du forgeron de la propriété de Dromedary Hill.

Le problème numéro deux

L'intrigue du nouveau roman s'esquissait rapidement. Mon meurtrier devait faire disparaître le corps de sa victime de la façon indiquée, Bony se mettrait alors au travail et prouverait... ! Mais que pourrait-il prouver ? Que pourrait-il prouver s'il ne restait pas une particule du corps à exhiber devant un juge et le jury, qui exigent la production d'un corps, ou de parties identifiables d'un corps, avant de prêter l'oreille à une accusation de meurtre. Si mon meurtrier avait appliqué la méthode étonnamment simple de Ritchie, comment mon inspecteur pourrait-il monter son dossier, même s'il possède une intelligence surhumaine ? Il est évident que mon meurtrier devait commettre une erreur dans son crime parfait, car à moins qu'il ne le fasse, aucun inspecteur dans la vraie vie, ou même dans la fiction, ne pourrait prouver qu'il était coupable.

Comme je me rendais compte que Ritchie m'avait fourni une

une pépite, je lui offris une livre sterling s'il pouvait y trouver une faille. Je crois qu'il pensait que cette livre allait être de l'argent facile.

Le problème se résumait à une simple question. Si un homme avait fait tout ça, comment avait-il pu commettre une erreur fatale ? Nous avions beau discuter et argumenter, nous ne parvenions pas à découvrir une faille. Cela devint un casse-tête séduisant mais intrigant : je n'arrivais pas à le résoudre, pas plus que mes amis de la clôture, de Burracoppin ou de Perth.

Alors qu'il ne pensait plus qu'à la récompense, sur une monture fraîche, sans chapeau et mal rasé, et armé d'une carabine de calibre 22, Ritchie rencontra un jour Snowy Rowles, qui se rendait à Camel Station à moto. Sans préambule d'aucune sorte, Ritchie lui dit :

- Hé, Snow ! Si je devais t'abattre d'un coup de fusil, que je traînais ton corps jusqu'à ces broussailles mortes, le brûlais complètement, puis revenais demain avec un tamis et cherchais dans les cendres les os et les objets métalliques sur tes vêtements, jetais les objets métalliques dans un puits, et réduisais tes os en poussière, comment mon crime pourrait-il être découvert ?

Par la suite, Rowles admit qu'il avait pensé que Ritchie était devenu fou. Marmonnant quelque chose sur le fait qu'il était pressé, il détala sur sa machine vrombissante, s'attendant à tout moment à sentir dans le dos la morsure d'une balle.

Ritchie resta sur son cheval à le regarder s'éloigner avec étonnement. Ce n'est que plusieurs heures plus tard qu'il se rendit compte que ses questions s'étaient retournées contre lui.

La solution

Les semaines passèrent.

Je retournai à ma section de la clôture, en utilisant deux chameaux qui tiraient une lourde charrette à bâche à la manière d'un tandem. Cette section faisait 250 kilomètres et, à la fin du premier voyage, je n'avais pas encore trouvé de solution à mon problème, et j'avais pratiquement abandonné l'idée de trouver cette belle pépite de roman. Ritchie n'avait pas réussi à gagner la livre sterling ; Maddison n'avait été d'aucune aide ; Rowles n'avait pas réussi.

Puis, un matin, alors que je ne pensais certainement pas à des problèmes de meurtre, mais que je contemplais le gosier béant de mon chameau tout en m'efforçant de lui mettre des œillères, la solution m'apparut aussi vive que la lumière d'un projecteur. Mon meurtrier pouvait exécuter la méthode de Ritchie dans les moindres détails tout en laissant un indice à Bony pour le retrouver, le poursuivre et le faire condamner. Là où il pouvait commettre une erreur fatale, c'était dans sa méconnaissance des antécédents de guerre de sa victime. En trois secondes, tandis que je regardais stupidement Curley, le chameau, je vis placée au bon endroit la dernière pièce du puzzle.

L'intrigue du nouveau roman était complète dans ses moindres détails. D'autres semaines passèrent pour un autre aller-retour à Burracoppin.

Puis le contrôleur en chef échangea mon poste et celui de Ritchie et, après avoir connu l'intérieur d'une charrette tirée par un cheval, je pus transférer mes séances d'écriture dans la confortable maison de pierre où, nuit après nuit, j'écrivis, aidé par la tranquillité bienheureuse du bush.

Le 5 octobre 1929 était un dimanche. D'après mon journal, ce soir-là, dans le « salon » de la propriété de Camel Station, étaient présents Ritchie, Rowles, le fils du contrôleur en chef, le contrôleur de la frontière nord et moi.

Les autres se souviennent particulièrement bien de cette nuit-là, pour une raison que je n'ai pas l'intention de dévoiler ; je m'en souviens particulièrement bien parce que c'était la dernière occasion que j'avais de discuter de mon problème numéro deux, qui consistait à identifier un point faible dans le problème numéro un. Il ne fut pas discuté avec grand intérêt, car tout le monde à l'époque connaissait parfaitement ces deux problèmes, mais il s'agissait d'une occasion qui fut utilisée par le Ministère public pour établir, par l'intermédiaire de plusieurs témoins, que Snowy Rowles connaissait la méthode d'élimination des corps utilisée dans mon roman *The Sands of Windee* (*Les Sables de Windee*), qui serait publié dix-huit mois plus tard.

La charrette d'Arthur Upfield contenant son écritoire

Ryan et Lloyd

Rowles quitta son emploi à Narndee Station le 30 octobre de la même année et, pour gagner sa vie, se mit à empoisonner les renards ; il était maintenant propriétaire d'une vieille voiture à moteur qui fonctionnait bien. Comme il intervenait dans la région, il campa avec moi plusieurs nuits à différentes dates, et si je n'avais pas eu d'attaches familiales, il est probable que je me serais joint à lui, car à cette époque je commençais à en avoir assez de la Clôture anti-lapins, et j'avais envie d'aller voir ce qu'il y avait plus au nord. Rowles était toujours bien accueilli. C'était un invité parfait, prêt à participer aux corvées et enclin à apporter sa part de rations lorsque son séjour se prolongeait.

Vers le 24 novembre, un entrepreneur nommé James Ryan arriva à la propriété, en route pour Burracoppin. Âgé d'une quarantaine d'années, il était, comme il en avait l'air, un homme de la marine. Il conduisait sa propre voiture de marque Dodge qu'il venait d'acheter et, en partant, il promit de me rapporter des rations et du courrier, car je n'avais reçu ni l'un ni l'autre depuis cinq ou six semaines.

Vers le premier jour de décembre, Rowles arriva de la direction de Youanmi. Il voulait savoir si Ryan était revenu et me dit qu'il espérait, à son retour, se joindre à lui pour un voyage dans les régions reculées du nord-ouest. Je ne savais pas que Ryan avait l'intention de quitter son travail à Narndee et cela ne m'intéressait pas, puisque ni Rowles ni Ryan ne travaillaient pour le Ministère ; cela ne me concernait donc pas, d'autant plus que j'avais entendu dire que le propriétaire de Narndee était en train de se délester d'une partie de son personnel.

Rowles semblait impatient que Ryan revienne et me quitta pour se dépêcher d'aller le rejoindre dans le Sud. Ils se retrouvèrent à l'abri du kilomètre 150, et comme sa voiture était tombée en panne, il revint avec Ryan, qui avait emmené avec lui un jeune homme athlétique nommé George Lloyd.

Le groupe resta avec moi cette nuit-là, mais il ne semblait pas certain que Rowles accompagnerait Ryan et Lloyd jusqu'au campement de ce dernier avant le lendemain matin. Pendant la soirée, Ryan chanta des chansons d'une très belle voix, accompagné par Lloyd sur un accordéon flambant neuf.

Tôt le lendemain matin, les trois hommes partirent, et cet après-midi-là ou le lendemain, Rowles et Lloyd passèrent par Camel Station pour se rendre à la borne des 150 km où la vieille voiture de Rowles était tombée en panne. Ils ramenèrent la voiture et la laissèrent dans un hangar.

C'est la dernière fois que je vis Lloyd ou Ryan.

Le contrôleur en chef arriva de Burracoppin le 10 décembre, Ritchie la veille. Le lendemain du départ du contrôleur pour le Nord, Ritchie remonta le long de la clôture jusqu'à Watson's Well, où campait un prospecteur du nom de James Yates. À son retour, il rapporta que Rowles, Ryan et Lloyd, au lieu de passer devant la propriété de Camel

Station pour rejoindre la piste nord, avaient longé la limite nord de l'enclos, contourné l'arrière de la colline et traversé la clôture anti-lapins à Watson's Well.

Il n'y avait rien de significatif à cela. Ritchie ne m'expliqua pas clairement - cela ne m'intéressait pas beaucoup, de toute façon - que Yates n'avait vu que Rowles, qui lui avait dit que Ryan et Lloyd étaient allés chercher du bois dans les broussailles pour construire un enclos à moutons. Pour moi, tout semblait s'être passé comme Rowles l'avait dit. Ryan s'était retiré d'un mauvais contrat, et il l'accompagnait dans son long voyage vers le nord-ouest. Rowles avait bien préparé son coup.

Noël 1929

En fin d'après-midi de la veille de Noël, le contrôleur de la frontière nord et moi-même partîmes à Youanmi pour acheter un cochon de lait et une bouteille de bière, et c'est là, sur les marches de l'hôtel Youanmi, que se tenait Snowy Rowles.

- Bonjour ! Qu'est-ce que vous faites ici ? demandai-je. Je vous croyais dans le Nord-Ouest avec Ryan et Lloyd.
- Oh ! Nous sommes allés jusqu'à Mount Magnet, répondit Rowles. Ryan est resté sur place, alors j'ai emprunté sa camionnette pour venir ici pour Noël.

Il s'avéra plus tard qu'il avait dit à mon compagnon qu'il avait acheté la camionnette à Ryan pour 80 livres sterling.

Cette histoire n'avait rien d'extraordinaire. Bien avant cela, Rowles nous avait dit que son grand-père l'avait déjà aidé financièrement, et qu'il envisageait de demander un prêt pour acheter un bon camion d'occasion. De plus, Ryan était l'un de ces malheureux hommes qui sont fascinés par les pubs et qui tentent parfois de vendre leur chemise, voire une camionnette, pour se payer quelques verres de plus. Il était facile d'imaginer Ryan, à moitié ivre, accordant généreusement à Rowles la permission de prendre sa camionnette, et Lloyd, qui ne buvait pas, attendant avec impatience que son compagnon puisse quitter la ville.

Nous n'avions pas le moindre soupçon que quelque chose n'allait pas. Aucun des trois n'était pour nous un ami proche.

Challi Bore montrant le camp de Ryan à Narndee Station
Le gendarme Hearn et un pisteur aborigène tamisant les cendres à Challi Bore à
la recherche des restes de Ryan et de Lloyd

Chocs

Entre-temps, la dépression s'était abattue comme un fléau, le personnel avait été réduit et ma section de clôture avait été modifiée pour s'étendre sur 160 km au nord et 160 km au sud de Burracoppin.

C'est à la hauteur de la borne des 125 km au sud de la ville où se trouvaient les bureaux du Ministère que le contrôleur en chef vint me voir pour me dire :

- Vous vous souvenez de Jack Lemon, qui travaille à Narndee ?

En effet, je me souvenais de lui. Lemon avait pris la place de Snowy Rowles. Je me souvenais que Lemon m'avait raconté, quelques mois auparavant, comment il était venu de l'Est et avait « sympathisé » avec un homme sur le bateau ; comment ils avaient marché jusqu'à Murchison depuis Perth ; et comment son ami avait obtenu un poste à la ferme de Wydgee, et lui-même un poste à Narndee, ces deux fermes étant contiguës.

Le contrôleur en chef m'expliqua ensuite que Carron, l'ami de Lemon, avait démissionné ou avait été congédié, et avait quitté la ferme de Wydgee en compagnie de Rowles, dans le courant du mois de mai 1930. On savait également que Rowles avait encaissé le chèque de paie de Carton et avait acheté de la bière avec cet argent à Paynesville, une ville mi nière située à l'est de Mount Magnet. Lemon avait, semblait-il, envoyé un télégramme prépayé à Rowles à Youanmi pour lui demander des informations sur son ami, et Rowles n'avait répondu ni par télégramme ni par lettre.

- Il est probable que la disparition de Louis Carron n'aurait jamais été élucidée s'il n'avait pas été un épistolier confirmé. Jusqu'à son départ de la ferme de Wydgee, il avait écrit régulièrement à des amis en Nouvelle-Zélande et à son ami, John Lemon, à Narndee.

Tout cela, le contrôleur en chef l'apprit au cours de son voyage vers le Nord - sa section s'étendait jusqu'à la borne des 680 km - en février 1931, dix mois après que Carron et Rowles eurent quitté The Fountain dans la camionnette de Ryan. Jack Lemon fut le dernier homme à voir Carron, qui promit de lui écrire pour lui dire où il en était dans sa recherche d'un nouvel emploi.

Peu entraînée, mon imagination fonça tout droit sur une solution simple à ce petit mystère. Carron, qui a reçu un chèque, part avec Snowy, et ils décident d'acheter une caisse de bière et de se faire une soirée tranquille de beuverie dans le bush – c'est beaucoup moins cher que de boire au pub. Naturellement, en possession d'une caisse de bière, ils se saoulent tous les deux. Ils se disputent, se battent et Carron est tué.

- C'est peut-être ce qui s'est passé, reconnut mon chef. Quoi qu'il en soit, les contrôleurs parcourent tout le pays à la recherche du corps de Carron. Ça ne sent pas bon pour Snowy.

- L'ont-ils arrêté ?

- Non, pas encore. Il travaille actuellement dans une ferme appelée Hill View, à quelques centaines de kilomètres au nord de Youanmi.

George Ritchie au travail
En-dessous: la ferme de Narndee, telle qu'elle est
aujourd'hui

- Alors ce n'est peut-être pas Snowy, objectai-je.

- Mais ils savent que Carron a quitté The Fountain avec Rowles. Ils savent que Rowles a encaissé le chèque de Carron au pub de Paynesville. Et ils savent que Rowles n'a jamais répondu au télégramme de Lemon.

Trois semaines après cette conversation, le contrôleur en chef revint d'un voyage dans le nord. Il dit d'un ton sombre :

- Ryan et Lloyd ont disparu. Ils n'ont pas été vus depuis qu'ils ont quitté Camel Station en décembre 1929.

Je devais avoir l'air d'un imbécile, debout, la bouche ouverte, complètement abasourdi. Et c'est ainsi que le choc suivant se produisit.

- Et ils ont trouvé les restes carbonisés de Carron près de la cabane des 300 kilomètres – une bague, des fausses dents, un implant, des os.

- Continuez !, insistai-je avec désespoir.

- Et quand ils sont allés arrêter Snowy Rowles, ils l'ont reconnu comme étant un homme qui s'était évadé de la prison de Dalwallinu après avoir été condamné pour cambriolage en 1928. Ils ne l'ont pas arrêté pour meurtre mais pour évasion, de sorte que les inspecteurs auront beaucoup de temps pour terminer leurs enquêtes sur les disparitions de Carron, Ryan et Lloyd.

Tout cela était si incroyable que, pendant plusieurs minutes, mon esprit refusa de l'accepter. J'avais plus de mal à croire que Rowles était un cambrioleur qu'un meurtrier présumé. Aucun homme ne ressemblait moins à l'idée que je me faisais d'un cambrioleur. Il ne m'avait jamais rien volé, pas même un feuillard de la ferme du gouvernement. Il avait peut-être tué Carron au cours d'une bagarre d'ivrognes, mais... un vulgaire cambrioleur !

- On dirait qu'il a mis en pratique les trucs de votre livre, dit un homme qui accompagnait le contrôleur en chef.

- Il semble que vous et Ritchie soyez les dernières personnes à avoir vu Ryan et Lloyd vivants en compagnie de Snowy Rowles, ajouta mon chef. Suivez mon conseil et faites une déposition à la police. Ils savent tout de vous et de votre chasse à l'intrigue criminelle.

Snowy Rowles avec la camionnette de Ryan, photographie d'Arthur Upfield en 1929
En dessous: Arthur Upfield remettant en place une section de la clôture anti-lapins
en 1928

Psychologie du bush

De nombreux points de cette affaire ne manqueront pas de laisser perplexe le lecteur peu familiarisé avec la psychologie et les habitudes de l'habitant du bush. Au cours du procès, plusieurs témoins furent obligés d'interrompre leur déposition pour expliquer le pourquoi d'un acte ou le comment d'un autre. Pour préparer son dossier, Mr Gibson, le procureur du Ministère public, bénéficia de l'aide de l'officier de police Harry Manning, qui avait mené l'enquête - une aide très précieuse, car Mr Manning était un bushman expérimenté. De l'autre côté, Mr Curran, qui défendit Rowles, ne sembla pas bénéficier de la même assistance, même de la part de Rowles, qui était lui aussi un excellent bushman.

En voici une illustration : lors de l'enquête, Mr Curran dit au témoin Lance Maddison :

- Il y a des centaines de kilomètres carrés de broussailles denses autour de la cabane (la cabane près du puits où les restes de Carron furent trouvés) ; ne pensez-vous pas qu'il serait stupide pour un homme d'essayer de brûler des preuves d'un crime près de la cabane ?

- Je ne saurais dire, répondit le témoin, prudent.

Pour un citadin, la question de Mr Curran semblait tout à fait logique. En fait, cette cabane était un endroit idéal, comme nous l'expliquerons un peu plus loin. Pour le citadin, l'aspect le plus étonnant de la disparition des trois hommes était qu'ils n'avaient manqué à personne et que personne n'avait pensé à les rechercher avant que près de douze mois ne se soient écoulés. Pourtant, pour le bushman, il n'y a rien de singulier à cela, principalement parce qu'une grande partie de la population de l'Australie centrale, à laquelle appartenaient les trois hommes disparus, est une population itinérante.

Cabane à la borne du kilomètre 300 de la clôture anti-lapins

Les chiens policiers

Au début du mois de janvier 1931, John Lemon interrogea le gendarme Hearn, de Mount Magnet, et lui rapporta que son ami Louis Carron ne lui avait pas écrit depuis qu'il avait quitté son campement de Narndee Station - l'ancien campement de Snowy Rowles, appelé The Fountain (la fontaine). À cette époque, Hearn avait déjà reçu une lettre d'un certain Mr Jackson, de Dunedin, en Nouvelle-Zélande, qui demandait des nouvelles de Carron. Mais ce n'est que le 17 février que, accompagné d'un bushman chevronné, le gendarme McArthur, il partit de Mount Magnet pour se renseigner.

John Lemon ayant compris de son ami et de Rowles, à leur départ du camp, qu'ils se rendaient à Wiluna à la recherche d'un travail, les gendarmes Hearn et McArthur commencèrent leurs recherches à partir de cette ville, située à 300 km au nord-ouest. N'ayant rien trouvé à Wiluna, ils revinrent à la clôture, puis au sud jusqu'à Camel Station, dont ils firent leur quartier général, soit 300 km plus loin environ.

La nature particulière du sol de la région du Murchison fait que les traces laissées par les charrettes et les chariots restent visibles pendant des années. En haut et en bas de la clôture, et à chaque route transversale, on peut voir aujourd'hui des traces de pistes rarement utilisées, faites à l'origine par les chariots transportant les poteaux de la clôture, et par les charrettes sortant du bush leurs chargements de bois de santal. Et sur toutes ces pistes, on pouvait faire rouler une voiture.

Sur cet immense territoire, retrouver les restes d'un homme qui avait pu être brûlé ou enterré dix mois auparavant semblait s'apparenter au problème de la recherche d'une aiguille dans une botte de foin. Et pourtant, dans un laps de temps remarquablement court, les chiens policiers trouvèrent les traces d'un grand feu à proximité d'un forage à la borne des 300 km, à 30 km au nord de Camel Station, sur la clôture numéro 1.

A cet endroit, la piste de la clôture passe à travers un mulga dense à feuilles étroites. Il y a ici un portail rarement utilisé ; si un curieux passe ce portail et suit la piste peu pratiquée pendant 800 mètres, il arrivera à une petite cabane en tôle située au milieu de broussailles denses qui la cachent entièrement au voyageur sur la piste de la clôture. Il n'y avait pas d'eau à cet endroit et le contrôleur de la section, Lance Maddison, avait l'occasion d'y aller seulement deux fois par an environ pour vérifier l'état de la cabane. 300 mètres plus à l'ouest, la police arriva à un puits, tout à fait hors d'usage et donc inutile ; et à proximité de ce puits, ils trouvèrent l'emplacement d'un grand feu. De légères traînées de cendres les conduisirent encore plus profondément dans le bush, où ils découvrirent deux autres tas de cendres. L'examen de ces tas montra qu'ils avaient été faits avec des cendres transportées depuis le feu principal, car sous les tas, l'herbe n'était pas brûlée, ce qui prouvait que les cendres avaient été jetées à cet endroit lorsqu'elles étaient froides.

Parmi les cendres, ils trouvèrent ce que l'on pensa être des morceaux d'os de crâne, des os humains, des os d'animaux, de la laine carbonisée et un bouton en os. Ils trouvèrent également parmi les plus petits tas de cendres des dents artificielles, des agrafes en or d'un implant dentaire, des œillets métalliques de bottes ou de chaussures, une alliance, plusieurs attaches étranges en fil de fer, etc.

Meurtres réels et fictifs

L'affaire criminelle fictive qui retient l'attention de l'inspecteur Bonaparte dans *Les sables de Windee* fut comparée à un degré étonnant à l'affaire criminelle réelle sur laquelle enquêtait l'inspecteur Manning. La tâche de Manning était à la fois plus importante et moins importante que celle de Bonaparte ; et les points de similitude suivants semblent dignes d'intérêt, car ils indiquent pourquoi le Ministère public suggéra que, dans le cas de Louis Carron, Rowles avait adopté en partie la méthode du livre pour faire disparaître des corps.

La flèche indique la zone où les cendres, l'alliance et l'implant ont été trouvés dans l'affaire des ossements du Murchison.

MANNING	BONAPARTE
La police examina les cendres d'un grand feu 10 mois après la disparition de Carron.	Bony examina les cendres d'un grand feu deux mois après que Marks fut porté disparu.
La police trouva dans les cendres des ossements humains, des fausses dents, des agrafes d'implant dentaire, une alliance, etc.	Bony trouva dans les cendres un clou de botte. Il trouva également un cercle en argent dans la fourche d'un arbre situé à une certaine distance du lieu du meurtre.
La police trouva dans les cendres un morceau de plomb fondu d'un poids équivalent à celui d'une balle de calibre 0,32.	Bony trouva dans les cendres trois morceaux de plomb fondu, chacun d'un poids égal à celui d'une balle de calibre 0,44.
La police trouva dans les cendres, outre des ossements humains, de nombreux ossements d'animaux.	Bony ne trouva dans les cendres aucun os humain, mais beaucoup d'os d'animaux.
La police trouva une marmite en fer qui, supposa-t-on, avait été utilisée pour réduire en miettes les os de Carron.	Bony découvrit qu'un mortier-pilon en fer de prospecteur avait été utilisé pour réduire en poussière les os de Marks.
L'enquête de Manning porta sur une tentative négligente pour faire disparaître un corps humain.	Bony enquêta sur un meurtre presque parfait, le corps de Marks ayant été détruit de la manière la plus efficace qui soit.

Manning trouva dans un tas de cendres des os qu'il prit pour des os de doigts humains.

Bony trouva dans les cendres des os qu'il envoya à son quartier général pour déterminer s'il s'agissait d'os de doigts humains ou d'os de pattes de kangourou.

Manning dut convaincre un juge et des jurés réels que Carron avait été assassiné par Rowles.

Bony fut dissuadé de porter son affaire devant un juge et des jurés car, logiquement, il n'aurait pas réussi à les convaincre.

Manning est un bushman par excellence.

Bony, doté des pouvoirs de traqueur de sa mère aborigène et des pouvoirs de raisonnement de son père blanc, est un bushman exemplaire.

L'inspecteur de police Manning

Bony dessiné par Upfield

La flèche indique la zone où les cendres, l'alliance et l'implant
ont été trouvés dans l'affaire des ossements du Murchison.

Pas à pas

En quittant Perth, l'inspecteur Manning se rendit à Mount Magnet, où il s'entretint avec les gendarmes McArthur et Hearn. Il se trouvait que lorsque la lettre de Mr Jackson avait été reçue, le gendarme Hearn devait prendre son congé annuel, mais il avait demandé que son congé soit reporté afin de pouvoir s'assurer du sort de Carron. Le gendarme McArthur fut envoyé pour le remplacer et, par conséquent, lorsque Manning se rendit sur les lieux du meurtre présumé, il était accompagné du gendarme Hearn.

Un second examen, plus minutieux, effectué à l'aide d'un tamis, permit de mettre au jour une molaire humaine brûlée présentant une cavité sur la surface mordante qui avait pu être comblée par un amalgame. Le four de camp fut trouvé près du feu principal, et Manning vit que la cendre adhérait encore à l'extérieur. Il avait probablement été utilisé pour transporter une partie des cendres et des os vers les autres tas, car l'herbe qui se trouvait sous les petits tas avait été jetée à ces endroits une fois refroidie, comme je l'ai déjà indiqué.

Manning mesura la surface de l'emplacement principal du feu et constata qu'elle mesurait 240 centimètres sur 180. Une boîte à café posée sur le sol à plusieurs mètres des cendres témoignait de la chaleur.

Le côté de la boîte de conserve qui faisait face au foyer était sérieusement brûlé. Les traces laissées par les pneus d'une voiture ou d'un camion permirent d'établir qu'un véhicule était venu de la direction de la clôture et, après être passé près de l'emplacement du feu, avait fait demi-tour et était reparti.

Travail de routine

Commença alors pour Manning cette partie du travail d'un inspecteur dont on parle rarement dans les romans policiers : la collecte d'informations. Il était évident que le premier homme à questionner était John Lemon, l'ami de Carron. Manning disposait déjà d'une description de Carron, fournie par Mr Jackson. Carron était âgé d'environ 27 ans, avait une corpulence moyenne et un beau maintien, le teint beige et parlait sèchement. Manning demanda à Lemon si Carron avait de fausses dents, ce à quoi Lemon répondit oui, car il avait souvent vu son ami les nettoyer. Il ne savait pas où ces dents avaient été fabriquées, ni par qui. C'est ainsi qu'une enquête fut lancée de l'Australie Occidentale jusqu'à Hamilton, en Nouvelle-Zélande, qui permit de trouver un dentiste nommé Sims qui avait fabriqué pour Carron une prothèse inférieure complète, composée de dents en porcelaine, et une prothèse partielle supérieure fixée aux dents saines de Carron par deux agrafes en or. Et treize dents en porcelaine, quatre dents tenons et deux agrafes en or avaient été retrouvées dans les différents tas de cendres.

- Carron portait-il une alliance ?
- Oui, répondit Lemon. Il portait une bague si serrée qu'il a dit un jour qu'il devrait la faire limer.

Une deuxième enquête fut lancée, cette fois-ci auprès de l'épouse de Carron, Mrs Brown, en Nouvelle-Zélande. (Il convient de préciser que « Carron » avait pris ce nom pour contrecarrer l'objection de sa femme à ce qu'il quitte la Nouvelle-Zélande). Elle se souvenait de la bague, de la date à laquelle elle avait été achetée et du magasin où elle avait été vendue à Auckland, en Nouvelle-Zélande. Finalement, Mr A. T. Long examina la bague. Il l'avait vendue à Mrs Brown en décembre 1925. Il reconnut la bague grâce à son poinçon, son numéro de brevet néo-zélandais, et il savait également qu'un ouvrier inexpérimenté de son magasin avait modifié la taille d'une manière maladroite.

De John Lemon, l'inspecteur Manning remonta à Wydgee Station, en passant par Wheelock, un prospecteur, Worth, un comptable, et Beasley, le gérant. Il put confirmer la date à laquelle Mr Worth avait établi le chèque de paie de Carron et que Mr Beasley l'avait signé, pour 25 pounds, zéro shilling et sept pence. À Wydgee il apprit également que Carron avait envoyé deux montres à une bijouterie de Perth pour les faire réparer, et que ces montres avaient été renvoyées, chacune dans une boîte séparée. Oui, les boîtes contenaient des attaches en fil de fer semblables à celles trouvées dans les cendres.

Une autre piste de recherche s'ouvrit alors. Les bijoutiers déclarèrent qu'un certain Mr Stone, fabricant de boîtes, avait fabriqué les boîtes pour eux. Et Mr Stone reconnut les attaches en fil de fer comme étant celles d'une de ses machines qui avait un léger défaut à l'origine du défaut des attaches trouvées dans les cendres. Pour en revenir aux bijoutiers, ceux-ci déclarèrent que les mêmes montres qu'ils avaient réparées pour Carron leur avaient été envoyées pour de nouvelles réparations par Messrs Fleming & Co, à Mount Magnet. Un certain Mr Male, de Fleming & Co, se souvint avoir envoyé les montres aux bijoutiers de Perth et décrivit l'homme qui les lui avait apportées - un homme qu'il connaissait sous le nom de « Snowy » Rowles.

Lemon avait dit que son ami et Rowles l'avaient quitté pour Wiluna à la recherche d'un emploi. Le gendarme Hearn n'entendit parler d'aucun des deux hommes lorsqu'il se renseigna à Wiluna. Manning suivit alors la piste. Il campa à la propriété de Camel Station, longea la clôture vers le nord jusqu'au portail du kilomètre 300, puis se dirigea vers l'est sur une distance de 30 km jusqu'à Youanmi. À Youanmi, il découvrit que Rowles était bien connu.

L'inspecteur consulta les livres de compte de Mr Jones, le titulaire de la licence du pub à Youanmi, retraçant les différents chèques encaissés et les dates auxquelles Rowles avait réservé. Il se rendit ensuite à Paynesville, à quelques kilomètres à l'ouest, pour obtenir des informations sur un chèque émis par Mr Edward Moses, lorsqu'il apprit la transaction effectuée avec le chèque de paie de Carron fait à Wydgee, d'un montant de 25 livres sterling, zéro shilling et sept pence. Il retourna ensuite à Narndee Station, où il obtint d'autres informations en consultant les registres de la ferme.

Des centaines de kilomètres furent parcourus en voiture, et les carnets se remplirent de noms de lieux, de distances, de dates et de noms de personnes. L'inspecteur finit par obtenir le nom de tous les hommes qui travaillaient dans la région au moment de la disparition de Carron. Tout comme Bony à Windee, il établit sa liste de « poissons », parmi lesquels pouvait se trouver la « raie pastenague » [4]. Il avait appris qu'un certain Upfield, auteur de romans, était responsable de Camel Station quelques mois avant la disparition de Carron. Il avait appris d'un certain Ritchie qu'Upfield était à la recherche d'une méthode efficace de destruction des cadavres. Il savait que l'homme vu pour la dernière fois avec Carton s'appelait « Snowy » Rowles, qui depuis lors était employé à la ferme de Hill View, que Rowles avait un excellent caractère, était un bon bushman et qu'il possédait sa propre camionnette. Oui, il avait acheté la camionnette à un certain Ryan. Où était Ryan ? Il avait quitté la région avec un certain Lloyd. Il avait emporté avec lui une boussole de grande valeur et d'autres objets appartenant à la ferme de Narndee.

Étrange !

Et voilà que les informations à propos de Ryan et Lloyd commencèrent à affluer. Les circonstances les concernant avaient pris une tournure sinistre à la suite de la découverte des restes de Carron.

L'intérêt de l'inspecteur pour Ryan et Lloyd était complètement éveillé. Où était Ryan ? On avait entendu parler de lui pour la dernière fois à Mount Magnet et, lorsque Manning arriva à Mount Magnet, il découvrit qu'on ne savait rien de Ryan, ni de Lloyd, son compagnon, et qu'ils n'y avaient certainement pas séjourné pendant la période de Noël 1929.

De retour à Narndee plus tard, Manning, avec le gendarme Hearn, Mr Bogle, copropriétaire et gérant de Narndee, et Douglas Bell, un métis qui avait travaillé pour Ryan avant que celui-ci ne parte pour Burracoppin, se rendirent en voiture à Challi Bore, le camp de Ryan, et y découvrirent huit foyers similaires à ceux trouvés au kilomètre 300 de la réserve gouvernementale, dans les cendres desquels on trouva des œillets de bottes ou de chaussures, des parties métalliques d'un accordéon

(Lloyd en avait possédé un) et une quantité d'os brûlés et brisés si finement qu'il était impossible à un expert de dire s'il s'agissait de restes d'êtres humains ou d'animaux.

Il s'agissait donc de trois hommes dont on ne savait rien après qu'ils avaient été vus pour la dernière fois en compagnie de ce « Snowy » Rowles. Pour Manning, comme pour tout autre homme doué de raison, il apparaissait maintenant que, parmi les faits qu'il avait glanés, il y en avait qui renforçaient considérablement l'hypothèse selon laquelle Rowles était un triple meurtrier. Le mobile était évident : celui du gain. Rowles possédait une camionnette qui avait appartenu à l'un de ses deux compagnons, et il avait encaissé un chèque correspondant à un salaire versé à un troisième homme. Des restes avaient été trouvés dans la réserve gouvernementale au kilomètre 300 de la clôture dans les cendres d'un grand feu, et à Challi Bore, huit grands feux avaient brûlé au moins des bottes ou des chaussures et un accordéon.

Il ne faisait guère de doute que l'inspecteur Manning et les deux gendarmes étaient convaincus que le corps de Louis Carron avait été détruit au kilomètre 300 dans la réserve gouvernementale et que ceux de Ryan et de Lloyd avaient été détruits de la même façon à Challi Bore. En tant qu'hommes du bush, ils parvinrent à certaines conclusions :

Trois hommes avaient disparu.

Chacun des trois, lorsqu'ils avaient été vus vivants pour la dernière fois, était en compagnie de Rowles.

Au camp de Ryan, près de Challi Bore, il y avait eu huit grands feux, et la toute première question qui s'était posée était la suivante : Qu'est-ce qui avait été brûlé dans ces huit feux ? Réponse : des bottes, des vêtements et un accordéon. En supposant que Ryan et Lloyd aient décidé, avant de partir, de se débarrasser de bottes et de vêtements usés, et que l'accordéon, cassé d'une manière ou d'une autre, ait également été jeté, il n'en restait pas moins que des bushmen quittant un camp temporaire ne se seraient certainement pas donné la peine de brûler ces objets. Ils les auraient laissés sur place, auraient empaqueté le matériel nécessaire et seraient partis. Les agissements de l'homme qui avait allumé ces feux ne pouvaient être interprétés que d'une seule manière. Il voulait faire disparaître quelque chose d'une importance capitale, quelque chose qui prouverait que Ryan et Lloyd ne vivaient plus, qu'ils n'avaient plus besoin de bottes, de vêtements, ni d'un accordéon.

(Cela allait à l'encontre des remarques de Mr Curran lors du procès, selon lesquelles aucun homme souhaitant détruire les preuves d'un crime ne le ferait à proximité d'une cabane). L'emplacement du kilomètre 300 de la Réserve était idéal à cette fin. Lance Maddison, le contrôleur de la clôture, déclara qu'il n'avait jamais campé à cet endroit. Il n'y avait pas d'eau douce. La cabane se trouvait à 800 mètres à l'ouest de la clôture, et les bushmen ne parcourent pas un kilomètre et demi sans nécessité. Cela faisait partie de son travail d'aller à la cabane - mais pas au puits - deux fois par an pour effectuer des réparations. Il était le seul à s'y rendre.

La cabane de Snowy Rowles

Les conclusions d'un inspecteur du bush

Le raisonnement probable de Manning pourrait être formulé ainsi :

« En supposant qu'un homme ait eu l'intention de copier les détails de l'intrigue d'Upfield et qu'il ait brûlé le corps de sa victime dans le bush à ciel ouvert, le premier éleveur qui passerait par hasard à l'endroit du feu examinerait les cendres et se demanderait logiquement : quel est l'imbécile qui s'est donné la peine de brûler un kangourou ici ?

En Australie Centrale, les chasseurs de kangourous ne gagneraient même pas de quoi acheter du tabac s'ils passaient leur temps à brûler les carcasses de kangourous dans le bush, mais ils brûleraient certainement les carcasses des animaux qu'ils ont abattus près d'une habitation ou d'un puits pour empêcher les risques de contamination.

Celui qui a brûlé le corps de Carron près de la cabane et du puits au kilomètre 300 de la Réserve connaissait l'intrigue du livre d'Upfield et savait l'importance qu'il y avait à apaiser les soupçons - pour lui-même - concernant l'emplacement du feu. Quel que soit l'endroit où il a détruit le corps de Carron, il devait créer une raison fictive d'avoir allumé un feu, en plus de fournir une raison superficielle qui explique l'emplacement du foyer.

Cette Réserve gouvernementale était un excellent endroit à deux égards. Ces aspects s'appliquent également à Challi Bore. Maddison à la cabane, et Ryan à son camp, brûlaient certainement des carcasses de temps en temps : Maddison par devoir professionnel, Ryan pour sa propre santé. Maddison brûlait les carcasses des kangourous qui s'étaient attardés au puits - sentant l'eau - jusqu'à ce qu'ils meurent ; et Ryan brûlait les carcasses des kangourous qu'il abattait pendant son travail et qu'il rapportait dans son camp pour en faire de la viande, car le mouton de Narndee n'était pas acheté régulièrement. Aux deux endroits, il y avait une quantité importante d'os d'animaux, et aux deux endroits, brûler des os d'animaux était une tâche normale.

En résumé : celui qui avait détruit les corps de ces trois hommes devait d'abord trouver un endroit où un feu n'éveillerait pas les soupçons et devait ensuite écarter les soupçons sur la véritable raison des feux en apportant la preuve que des carcasses de kangourous avaient été brûlées pour une raison tout à fait normale. A Challi Bore comme dans la Réserve, un visiteur fortuit remarquerait que dans le premier cas, Ryan avait laissé un camp propre et que dans le second, le contrôleur de la clôture avait récemment effectué son travail.

Si seulement des carcasses d'animaux ont été détruites, il reste à expliquer pourquoi les os brûlés ont été réduits en miettes. »

En suivant ce raisonnement, ou un raisonnement presque similaire, l'inspecteur Manning était en droit d'affirmer que l'homme qui se faisait appeler « Snowy » Rowles avait tué les trois hommes pour leurs maigres possessions, ou qu'il savait ce qu'il était advenu d'eux. Si Rowles avait effectivement tué ces trois hommes, il devait avoir prémédité de le faire. Il était difficile de croire qu'il aurait été poussé à commettre trois meurtres distincts par passion ou par une impulsion anormale. Si la première hypothèse était la bonne, Rowles devait être complètement froid et insensible, avec une personnalité rusée et très dangereuse.

L'arrestation de Rowles

C'est ainsi que l'inspecteur Manning et les gendarmes Hearn et Penn se rendirent à Hill View Station, vêtus de vêtements de bushman usés. Là, ils apprirent que Rowles était posté à un camp à plusieurs kilomètres de la propriété. Au lieu de s'y rendre directement, ils firent un large détour, prévoyant d'y arriver par l'autre côté et à un moment où Rowles serait en train de travailler. Si Rowles était chez lui, il prendrait les policiers pour des chasseurs de kangourous ou des prospecteurs.

Mais Rowles n'était pas à sa cabane lorsque la police y parvint, et ce n'est qu'à 14h30 le lendemain qu'il arriva, en chariot. Manning se trouvait alors un peu plus loin dans le bush, mais les deux gendarmes étaient à proximité de leur voiture. Rowles commença à dételer son cheval du chariot et, pendant qu'il commençait à l'emmener, le gendarme Hearn prit à l'arrière du véhicule un fusil de calibre 0,22. Après avoir laissé partir le cheval, Rowles retourna au chariot, où Hearn examinait nonchalamment la carabine, et Penn et Manning se dirigèrent vers lui.

Manning reconnut alors Rowles comme étant un homme recherché pour évasion, et dont le nom était John Thomas Smith. Manning lui dit :

- Depuis combien de temps êtes-vous connu sous le nom de Rowles ?

Ce à quoi Rowles répondit :

- Vous savez très bien qui je suis, et si j'avais su qui vous étiez, vous ne m'auriez pas eu aussi facilement.

Manning dit qu'ils recherchaient un homme nommé Carron, qui avait été vu pour la dernière fois en sa compagnie, celle de Rowles. Ils recherchaient également James Ryan et George Lloyd.

- Qu'est-ce que vous essayez d'insinuer, Manning ? demanda Rowles.

Ce à quoi l'inspecteur répondit par une autre question :

- Où avez-vous acheté la camionnette qui est dans la remise ?

- Je l'ai achetée à Ryan, dit Rowles. Je pourrai bientôt vous satisfaire sur ce point.

Il y avait, semble-t-il, une petite boîte clouée à la porte de la cabane, dans laquelle la clé avait été laissée ; une fois la porte ouverte, ils entrèrent tous dans la cabane, où Manning et Hearn prirent chacun un fusil de 0,32, les deux armes se révélant chargées. Manning demanda à Rowles si tout ce qui se trouvait dans la cabane lui appartenait, et Rowles répondit par l'affirmative, à l'exception des fusils, d'une machine à coudre et d'un gramophone.

Le suspect fut ensuite autorisé à se préparer un repas et, pendant ce temps, la police commença à fouiller la cabane. Une paire de pinces à cheveux fut trouvée dans un tiroir de la machine à coudre (un objet tout à fait inhabituel dans une cabane d'éleveur), que Rowles déclara avoir achetée à un certain Sher Ali pour 12 shillings et 6 pence. Sur une étagère en hauteur se trouvait un paquet enveloppé dans du papier journal. Lorsque l'un des policiers s'en saisit, Rowles dit :

- Où diable avez-vous trouvé cela ? Je ne sais pas ce que c'est.

Le colis contenait une montre-bracelet, trois chemises, un rasoir avec une inscription indiquant qu'il avait été fabriqué spécialement pour une entreprise de Nouvelle-Zélande, une chaîne de montre et une paire de ciseaux.

Plus tard, la police alla à la camionnette avec Rowles et trouva, fixée sur le tableau de bord, une montre de gousset qui, selon Rowles, se trouvait là lorsqu'il avait acheté le véhicule à Ryan.

Ces deux montres constituaient sans aucun doute la preuve la plus accablante contre Rowles. Elles portaient toutes deux des poinçons que Manning attribua à la bijouterie Levinson & Sons de Perth. Les poinçons apposés sur chaque montre correspondaient aux fiches d'enregistrement qui prouvaient que l'entreprise avait reçu les montres de Louis J. Carron, à Wydgee Station, le 11 avril 1930, et que, selon la coutume, les montres avaient été renvoyées à Carron dans des boîtes particulières, maintenues par des attaches en fil de fer caractéristiques.

Par la suite, il s'avéra que Rowles lui-même avait envoyé les montres à Fleming & Co. de Mount Magnet, qui les avait expédiées à Levinson & Sons. Il n'est donc pas possible d'affirmer que Rowles ne savait pas ce que contenait ce colis qu'il prétendait ne pas connaître.

Après avoir pris un repas, Rowles demanda à pouvoir changer son pantalon de moleskine et sa chemise pour un costume de serge bleu. L'inspecteur Manning lui fit remarquer que ce n'était guère nécessaire, car il avait un long trajet poussiéreux à faire ; mais Rowles insista et fut autorisé à se changer avant le départ en voiture pour Meekathara, à une distance d'environ 130 km.

Dépositions et aveux

Le lendemain matin, l'inspecteur Manning rendit visite à Snowy Rowles à la prison de Meekathara et obtint de lui une déposition concernant son association avec Louis J. Carron, ainsi qu'une seconde à propos de son association avec James Ryan et George Lloyd. Après avoir signé ces deux longs documents, Rowles dit :

- Qu'allez-vous faire de la camionnette ? Puis : Un homme doit avoir un penchant pour faire ce genre de choses. Je regrette de ne pas avoir suivi les conseils de ma vieille. (Cela semble authentique, puisque Rowles a toujours appelé sa mère « ma vieille »). Elle voulait que je me rende quand je me suis échappé de Dalwallinu, et si j'avais suivi son conseil, j'en aurais fini avec tout ça maintenant, et je n'aurais pas eu à faire face à cette autre chose.

- De quelle autre chose parlez-vous ? demanda Manning, car Rowles n'avait pas été accusé de meurtre, mais d'évasion.

- Oh, répondit Rowles, moins on en parle, mieux c'est.

Par la suite, Rowles fut emmené à Perth, accusé d'effraction et condamné à trois ans d'emprisonnement. Si Rowles n'avait pas commis de vol, le Ministère public aurait sans doute été obligé de l'inculper d'un chef d'accusation passible de la peine capitale lors des sessions de la cour d'assise de juin 1930, échéance qui n'aurait pas permis la présence de trois témoins néo-zélandais importants.

L'échec de Rowles

Des mois de travail acharné suivirent l'arrestation de Snowy Rowles pour avoir enfreint la loi à Dalwallinu. La correspondance échangée avec la police néo-zélandaise concernant l'identification des dents et de l'anneau trouvés parmi les cendres d'une cabane isolée dans le bush fut considérable. Comme les témoins, Mrs Brown (la femme de Carron), Mr Sims, le dentiste, et Mr Long, le bijoutier, ne pouvaient être convoqués, on ne pouvait que les persuader de se rendre en Australie Occidentale dans l'intérêt de la justice. Leurs dépenses et leur indemnisation pour la perte de temps pour mener leurs affaires coûtèrent à l'État 1 000 livres sterling.

D'éminents pathologistes étudièrent les ossements que l'inspecteur Manning avait ramenés du Murchison. Le pathologiste du gouvernement ne voulut pas dire si les morceaux d'os du crâne appartenaient à la tête d'un homme blanc ou d'un homme noir, mais après une étude plus approfondie, le Dr McKenzie estima que les os appartenaient au crâne d'un homme blanc.

Et les quelques ossements qui furent assemblés en morceaux plus grands étaient les seuls ossements humains identifiables à partir des restes de trois hommes. Si l'assassin de Louis J. Carron avait brisé davantage les morceaux de crâne - comme il est permis de supposer qu'il le fit dans le cas des ossements de Ryan et de Lloyd - il n'aurait pas été possible de prouver qu'on avait fait disparaître un corps humain au kilomètre 300 de la Réserve. Si le meurtrier de Carron avait cherché des objets métalliques dans les cendres, il aurait échappé au filet que Manning avait tendu autour de lui avec une persistance tranquille, car le Ministère public devait prouver que les restes de Carron se trouvaient parmi les cendres avant de pouvoir espérer prouver que Rowles l'avait tué.

Le fait que Rowles n'avait pas brisé en morceaux plus fins ces parties de crâne humain, qu'il n'avait pas soigneusement fouillé les cendres à la recherche d'objets métalliques, ne peut être attribué qu'à sa conviction que ces trois hommes issus de la population itinérante de l'Australie Centrale ne manqueraient jamais à l'appel ; et qu'après tout, le soin avec lequel il avait fait disparaitre les corps de Ryan et de Lloyd n'était pas nécessaire pour celui de Carron.

Impressions avant le procès

Le procès pour meurtre le plus sensationnel de l'histoire de l'Australie occidentale se déroula devant le juge Draper et un jury le jeudi 10 mars et se poursuivit jusque tard dans la semaine du samedi suivant. Une caractéristique inhabituelle de l'affaire était que la défense de Rowles était tenue secrète, malgré les efforts de journalistes enthousiastes pour obtenir des informations à ce sujet. L'intérêt du public était énorme et l'opinion publique - suscitée par l'enquête - était fortement défavorable à l'accusé, même dans les jardins botaniques entourant le tribunal, où j'attendais qu'on m'appelle en tant que l'un des nombreux témoins.

Assis sur un siège sous un chêne anglais dont les glands tombaient, avec le roucoulement d'une colombe, le gazouillis de plusieurs pigeons et de nombreux petits oiseaux dans les oreilles, mon esprit était oppressé par un sentiment d'irréalité - comme si je faisais un mauvais rêve tout en étant pleinement conscient que je rêvais. Parfois, un coup d'œil à l'intérieur du tribunal, qui me révélait les visages tendus des jurés, m'indiquait qu'une pièce dramatique était en train de se jouer, pour laquelle tous les acteurs avaient été annoncés, et moi parmi eux ; qu'il s'agissait d'une pièce à l'intérieur d'une pièce ; et que, bientôt, tout serait terminé, et que nous nous rendrions tous compte à quel point la pièce avait été formidable.

Mais la crainte toujours présente dans un coin de l'esprit, comme quand on sait qu'il ne s'agit que d'un rêve, produisait une sorte d'horreur étourdissante qui privait le spectateur de l'humeur joyeuse de la pièce.

Le sentiment d'irréalité était combiné à celui, déprimant, d'inévitabilité. J'étais comme un homme à qui l'avenir avait été révélé. Je savais qu'un jour j'entendrais mon nom prononcé d'une voix forte, comme un acteur convoqué par un régisseur. Mais au-delà, je ne savais rien. L'acteur a de l'expérience ; il sait exactement ce qu'il verra lorsqu'il entrera en scène, et ce qu'il dira. Je n'avais aucune expérience d'une salle d'audience et je n'avais pas la moindre idée des questions qui me seraient posées. Sans doute les questions seraient-elles posées dans le but de me piéger, et si je voulais éviter d'être piégé, je devais rester lucide. La panique s'empara de moi pendant un petit moment lorsque je constatai que je ne me souvenais plus de plusieurs dates qui avaient été pourtant gravées dans mon cerveau à force d'être répétées.

De nouvelles impressions prirent le dessus. Le pouvoir de la loi devint quelque chose de tangible, avec une forme, comme une pieuvre. Dans ce grand bâtiment de pierre vivait une pieuvre dont les nombreux tentacules s'étendaient jusqu'au Murchison, et plus loin encore, jusqu'à la Nouvelle-Zélande.

Un tentacule était sorti en se tortillant, cherchant à tâtons et se fixant sur un jeune homme dont la nature courageuse et enjouée avait fait de lui un hôte toujours bien accueilli. Et avec une rapidité terrible, le tentacule s'était retiré, pour venir s'enrouler autour de Snowy Rowles, qui plus jamais ne nous poursuivrait en riant sur sa moto, et ferait et accepterait des paris exorbitants. D'autres tentacules de cette grande pieuvre qu'est la loi étaient partis de Perth, recherchant avec dextérité une cinquantaine d'entre nous, jusqu'à ce que l'un après l'autre, nous ayons été trouvés, interrogés, amenés d'aussi loin que de Nouvelle-Zélande, pour témoigner contre Snowy Rowles.

Je peux dire, entre parenthèses, qu'il ne fait aucun doute qu'une grande majorité des témoins du Ministère public voulaient croire que Rowles était innocent de l'accusation portée contre lui, et auraient accueilli avec joie la preuve qu'il n'était pas coupable. S'il avait été établi qu'il était innocent, son retour dans le Murchison aurait été triomphal.

Nous, les témoins, en savions plus que les gens de la ville qui avaient soigneusement étudié les témoignages présentés lors de l'enquête. Nous avions travaillé dans les coulisses, pour ainsi dire. Nous connaissions les conditions de vie dans le bush et la psychologie de ses habitants. Nous avions pu comparer nos notes, ce qui nous avait permis de mieux comprendre la situation par rapport à ce que les journaux avaient pu expliquer à leurs lecteurs. Rowles avait dit une chose à l'un, une deuxième à l'autre, et encore une version différente à un troisième, sur un point particulier. Il avait raconté tant de mensonges ! Selon ma propre expérience, il avait raconté trois histoires différentes sur la façon dont il était entré en possession de la camionnette de Ryan.

Nous savions que des hommes pouvaient disparaître dans le bush et que leurs squelettes n'étaient retrouvés que des années plus tard, voire jamais. Nous savions que, parfois, un membre de la grande population itinérante du centre de l'Australie pouvait avoir de bonnes raisons de disparaître volontairement. Nous savions qu'il était possible, et même probable, que Carron, Ryan ou Lloyd veuillent disparaître volontairement pour une raison ou une autre, mais qu'il était improbable, et même impossible, que trois hommes disparaissent de leur plein gré au même moment et que deux d'entre eux cèdent leurs biens à « Snowy » Rowles.

Pour moi, comme pour les autres, il était impossible de dissocier la disparition de Carron de celle de Ryan et Lloyd. La rumeur courut que Carron avait été vu au travail dans une ferme après mai 1930, mais je ne pouvais pas accorder de crédit à cette histoire. Il n'y avait pas de rumeur selon laquelle Ryan ou Lloyd avaient été vus après s'être rendus à Challi Bore, dans le domaine de Narndee Station, avec Rowles.

Tandis que les glands tombaient autour de moi, tandis qu'à demi-consciemment je me demandais pourquoi quelqu'un ne les ramassait pas pour les donner à manger à un cochon, j'essayais d'imaginer quelle serait la défense de Rowles. Quelle défense pourrait-il présenter ? Comment allait-il expliquer qu'il possédait ces deux montres ? Comment expliquer les chemises d'un modèle qui n'est pas vendu en Australie ? Comment expliquer le fait étrange que le fusil que Carron avait emporté de Wydgee Station avait été retrouvé dans sa cabane de Hill View Station ? Comment allait-il rendre compte des deux journées entières, les 18 et 19 mai 1930, qu'il disait avoir passées à la propriété de Windimurra quand trois témoins avaient affirmé, qu'en fait, c'était faux ?

S'il avait laissé Carron poser des pièges au domaine de Windimurra lorsqu'il était allé à Paynesville encaisser le chèque de Carron, pourquoi s'était-il rendu directement à Youanmi à partir de Paynesville ? Pourquoi, au nom du bon sens, n'avait-il pas répondu aux questions du télégramme de Lemon lorsqu'il lui avait été remis et qu'il savait qu'il s'agissait d'un télégramme à réponse prépayée ?

Qui pouvait douter de la mort de Carron après avoir vu les débris trouvés dans les cendres d'un feu dans une Réserve du gouvernement, débris qui avaient été identifiés lors de l'enquête par la femme de Carron, par le bijoutier de Carron et par le dentiste de Carron ?

Franchement, cela paraissait incroyable. Il était si difficile de croire que le Snowy Rowles que nous connaissions se trouvait sur le banc des accusés d'une cour d'assise. Il était tout aussi difficile de croire que le Snowy Rowles que nous connaissions avait, un jour de mars 1926, dérobé un sac contenant 300 livres sterling à une vendeuse de Perth et qu'en 1928, il avait cambriolé plusieurs magasins de campagne dans la ceinture céréalière de l'Est.

Un gland tomba sur le dos de ma main qui reposait sur le banc et me fit mal. L'été était presque terminé.

Et pour toi, Snowy, hélas, l'hiver était arrivé !

Les os

Après des mois de préparation, le Ministère public produisit enfin son dossier contre John Thomas Smith, connu sous le nom de « Snowy » Rowles. Le gendarme Hearn fut présenté à la cour, et celui-ci détailla sa découverte du feu au kilomètre 300 de la Réserve gouvernementale, et les objets qu'il avait découverts parmi les cendres. L'inspecteur Manning décrivit clairement le déroulement de son enquête, qui lui avait permis de monter un excellent dossier à partir des sables mêmes du Murchison.

Le Dr William McGillivray, pathologiste du gouvernement, témoigna ensuite sur les ossements humains qui lui avaient été soumis pour examen. L'un des paquets qui lui avaient été remis contenait des fragments d'un crâne humain. Les petits os contenus dans une boîte de tabac, dit-il, pouvaient être ceux de doigts ou d'orteils humains, ou de pattes ou d'orteils d'animaux - il n'était pas sûr de savoir lesquels. Une boîte d'allumettes contenait des dents humaines brûlées, dont une molaire.

Il déclara que les autres dents qu'on lui avait montrées étaient des dents artificielles. Il ne voulut pas dire si les morceaux d'os du crâne étaient ceux d'un homme blanc ou d'un Aborigène. Il pensait que personne ne pouvait le dire.

Le Dr McKenzie, qui était assis à la barre des témoins avec des moulages en plâtre de crânes humains sur la table devant lui, déclara qu'il pensait que les morceaux d'os, lorsqu'ils étaient assemblés en morceaux plus grands, indiquaient qu'ils appartenaient au crâne d'un homme blanc.

L'intrigue du livre

Arthur William Upfield déclara avoir cherché une méthode pour faire disparaître un corps humain, l'avoir trouvée et en connaître les détails.

Lorsqu'on appela Lancelot Bowen Maddison, l'habitant de la frontière au nord de mon ancienne section, on lui demanda s'il connaissait Rowles. Il répondit :

- Je le connais bien. Je l'ai rencontré pour la première fois sur la clôture juste au nord de Camel Station, peu après avoir commencé à y travailler. Il conduisait alors une moto dans le cadre de ses fonctions d'employé de la ferme de Narndee. Je l'ai vu fréquemment par la suite. Un soir, j'étais à Camel Station avec Arthur Upfield, David Coleman, George Ritchie et Rowles. Nous avons tous discuté du projet de livre d'Upfield, *Les sables de Windee*. Nous avons notamment évoqué l'élimination des restes d'un homme assassiné.

Le bijoutier de Carron

Thomas Andrew Long déclara qu'il était, jusqu'en mars 1927, bijoutier à Queen Street, à Auckland, en Nouvelle-Zélande. Après avoir examiné l'anneau en or trouvé avec d'autres débris sur le site du feu de camp, le témoin dit qu'il semblait s'agir d'une de ses propres alliances à facettes. Le poinçon indiquait « 18 ct, Red. 1286, M.C. ». Il avait en sa possession une lettre de la bijouterie en gros indiquant que les bagues marquées de cette façon étaient fabriquées uniquement en Nouvelle-Zélande.

Mr Curran, défendant Rowles :

- Je suppose qu'au cours d'une année, un grand nombre d'alliances marquées de cette façon sont vendues dans toute la Nouvelle-Zélande ?

Le témoin :

- Oui, en effet.

Mr Curran :

- Comment pouvez-vous être sûr que vous avez taillé et resoudé cette bague-là pour Mrs Brown (l'épouse de Carron) ?

Le témoin :

- Au moment où Mrs Brown a voulu faire modifier la bague, j'étais très occupé et mon principal assistant était absent. J'ai confié la bague à un assistant qui n'était pas un expert en orfèvrerie. Il a bâclé le travail et si je n'avais pas été aussi occupé, j'aurais refondu la bague et j'en aurais taillé une autre. Cette bague est en or 18 carats, et mon assistant a réassemblé les extrémités coupées avec une soudure en or 9 carats. La teinte plus claire de la soudure par rapport à l'anneau lui-même n'a pas été détruite par le feu.

La bague fut remise aux jurés, qui l'examinèrent tous attentivement. Après le procès, il s'avéra que la bague, avec sa soudure en or 9 carats, joua un rôle décisif dans leur verdict.

Dans sa déposition à l'inspecteur Manning, l'accusé dit qu'il avait pris Carron à un camp nommé Condon dans le domaine de Wydgee Station et qu'il l'avait amené au camp de The Fountain où John Lemon campait à l'époque comme employé de la ferme Narndee. Le lendemain, ils s'étaient rendus à Watson's Well, sur la clôture anti-lapins, puis, vers le nord, le long de la clôture, jusqu'au portail du kilomètre

300, où la route entre Youanmi et Mount Magnet passe à travers la clôture. De là, ils avaient continué et campé à l'ancienne ferme abandonnée de Windimurra Station.

La déposition se poursuivit :

- Le lendemain, je me suis rendu à Paynesville, à environ 25 km de là, dans ma camionnette. Carron a accepté d'avancer l'argent pour les marchandises que nous voulions et m'a donné le chèque de Wydgee de 25 livres sterling à encaisser pour lui. J'ai attendu le coucher du soleil pour que le gérant du pub revienne d'une mine où il travaillait. J'ai passé la nuit au pub. Le lendemain, je suis retourné à notre campement et j'ai donné à Carron quatre livres et huit shillings - et le chèque de 16 livres du gérant du pub. La nuit suivante, nous sommes allés ensemble à Mount Magnet, où nous sommes arrivés entre neuf et dix heures. Nous avons dîné ensemble dans le magasin de Joe Slavin. Carron, qui ne buvait pas, s'est opposé à ce que je prenne quelques verres ce soir-là et a déclaré qu'il serait mieux seul. Il a retiré son équipement de la camionnette. Je suis retourné au pub et Carron m'a suivi, estimant qu'il ne pourrait peut-être pas encaisser le chèque de Moses (celui qui tient le pub à Paynesville), car il était libellé à mon nom. Je lui ai donc donné 16 livres. Lorsque j'ai encaissé le chèque de Carron, j'ai mis son nom au dos. Après avoir donné l'argent à Carron, je suis retourné au pub de Mr Rodan. Lorsque le pub a fermé à onze heures, je suis retourné à la camionnette et j'ai parcouru huit ou neuf kilomètres sur la route de Youanmi, puis je me suis endormi jusqu'au matin, et j'ai ensuite continué le trajet jusqu'au pub de Jones à Youanmi. Je n'ai appris la disparition de Carron que lundi dernier, en lisant un article dans un journal de Murchison. Carron est parti pour Geraldton. C'est de là qu'il m'a écrit.

Ryan avec le fusil de Rowles

Pièces à conviction de la police dans l'affaire Snowy Rowles

Réfutations

Le directeur, le contremaître et plusieurs éleveurs jurèrent que Rowles et Carron n'avaient jamais campé dans le vieux domaine abandonné qu'ils avaient traversé. Juste avant de quitter le pub de Paynesville, l'accusé avait dit au gérant qu'il se rendait à Wiluna pour un voyage de prospection.

Il fut définitivement prouvé qu'au lieu de retourner à l'ancienne propriété de Windimurra et de retrouver Carron, Rowles s'était rendu directement à Youanmi, à une distance d'environ 110 km. Il avait quitté Paynesville vers dix heures et était arrivé à Youanmi à 12h30 le jour même.

C'était le 21 mai. Les registres du bureau de poste de Youanmi et le témoignage du receveur des postes montrèrent que cet après-midi-là, Rowles avait emmené ce dernier dans sa camionnette jusqu'à une propriété pour remettre un télégramme.

À la barre des témoins, Rowles, confronté à ce fait, modifia sa déposition et dit qu'il avait oublié ce trajet jusqu'à Youanmi. Il maintint cependant qu'il était retourné là où était Carron après avoir quitté Paynesville. Il fut habilement piégé puisqu'on lui fit dire qu'il n'était pas à Youanmi le 22 mai, et à un moment soigneusement calculé, l'astucieux procureur du Ministère public produisit des preuves pour mettre en évidence son mensonge. Il montra le registre du commerçant de Youanmi contenant les copies carbone des ventes qu'il avait effectuées les 21 et 22 mai. La première inscription pour le 22 mai était « S. Rowles, paire de salopettes, 11 livres, 6 shillings ».

Résumé

Le juge Draper, dans son résumé, déclara :

- Certaines des déclarations faites par Rowles dans cette affaire sont difficiles à concilier avec celles que l'on peut attendre d'un homme qui n'a commis aucun crime. C'est à vous, messieurs les jurés, de décider. C'est à vous de décider, mais peut-être trouverez-vous difficile de réconcilier les déclarations de Rowles sur ses déplacements avec Carron avec les preuves présentées devant ce tribunal. La thèse du Ministère public est que Carron a été assassiné et que les os ont été brisés en morceaux très fins et dispersés dans plusieurs tas de cendres.

Il y a une chose curieuse dans cette affaire, et je la mentionne pour ce qu'elle vaut. Upfield a témoigné qu'il était dans la région depuis un certain temps. Il dit se souvenir d'une discussion qui s'est déroulée un soir dans une petite pièce, le 6 octobre 1929, alors que l'accusé était présent parmi d'autres gens. Je suppose qu'ils cherchaient quelque chose à faire dans le bush, observa sèchement le juge. Quoi qu'il en soit, le sujet intéressant de la discussion était de savoir comment un corps humain pouvait être éliminé sans laisser de traces. Tout porte à croire que la méthode écartée à l'époque a été appliquée dans ce cas, mais il vous appartient de décider si Rowles est coupable.

Sur la question de savoir si les os du crâne provenaient de la tête d'un Européen ou d'un Aborigène, le juge dit que les jurés pourraient se demander, en se souvenant des objets également trouvés dans les cendres, s'il était habituel pour les Aborigènes de porter des chaussures avec des œillets, s'il était habituel pour eux de porter des dents artificielles dans les mâchoires supérieures et inférieures, et s'ils portaient des alliances en or.

- Il s'agirait d'une étrange coïncidence, observa le juge, puisque Carron possédait des objets identiques à tous ces articles, si ceux trouvés dans le feu ne lui appartenaient pas.

Le verdict

Le jury se retira à quatre heures moins cinq le samedi après-midi et revint pour rendre son verdict à six heures le même jour. Rowles fut amené. En attendant que le juge Draper prenne place, debout sur les marches du banc des accusés, il pencha la tête pour voir s'il pouvait lire son destin sur les visages des jurés. N'y parvenant pas, il se tourna vers les témoins assemblés. Lorsque le juge s'assit, l'accusé monta rapidement sur le banc des accusés pour fixer du regard les jurés. On le vit secouer la tête, comme s'il se savait condamné.

- Coupable.

Ce mot terrible retentit comme deux coups de cloche dans la salle silencieuse.

Lorsqu'on lui demanda s'il avait quelque chose à dire, Rowles répondit d'une voix ferme :

- J'ai été reconnu coupable d'un crime qui n'a jamais été commis.

- C'est tout ? C'est tout ce que vous avez à dire ?, demanda le juge.

Rowles resta silencieux. Le silence fut rompu par la voix du juge qui prononça la peine de mort.

L'appel échoue

Rowles, par l'intermédiaire de son avocat, Mr Fred Curran, fit appel devant la Cour suprême d'Australie Occidentale aux motifs que :

(a)   Les preuves relatives à la disparition des deux hommes nommés James Ryan et George Lloyd et à mon association avec eux ont été retenues à tort. (Lors de l'audience, il s'avéra que c'est l'avocat de Rowles lui-même qui, le premier, avait soulevé la question de Ryan et de Lloyd).

(b)   Le juge de première instance a retenu à tort le témoignage d'un romancier, Arthur William Upfield, selon lequel, en octobre 1929, j'étais présent et j'avais pris part à une discussion sur la façon de faire disparaître des corps humains. Et que j'avais été arrêté pour un autre chef d'accusation et que je m'étais échappé de la garde à vue.

(c)   Qu'il n'y avait aucune preuve que Louis Carron était mort.

(d)   Que le juge de première instance a mal orienté le jury sur les preuves.

(e)   Le procès a donné lieu à une erreur judiciaire.

La Cour rejeta l'appel à l'unanimité.

L'avocat de Rowles fit alors appel devant la Haute Cour d'Australie, qui siège à Melbourne, et cette cour rejeta la demande d'audition de l'appel, à une majorité de deux contre un.

Une pétition fut organisée par deux groupes, la Confrérie Groper et l'Association des Femmes au Foyer et finalement présentée au ministre de la Justice. Une réunion publique fut organisée dans un théâtre pour demander la grâce de Rowles. Des lettres parurent dans les journaux, appelant à la clémence dans l'intérêt de sa mère.

Le rideau tombe

Mais Rowles fut pendu le matin du 13 juin, sans avoir fait d'aveux, bien que les proches de George Lloyd aient écrit au condamné pour l'exhorter à dire quelque chose sur le sort de ce dernier.

Quelques jours avant la fin, Snowy Rowles fit une déclaration dramatique depuis sa cellule. Il déclara que pendant le trajet de retour de Paynesville à son camp, il avait découvert que Carron s'était accidentellement empoisonné avec des appâts au beurre utilisés pour les renards. Comme il était un prisonnier évadé, il avait eu peur de prévenir la police et avait brûlé le corps.

Cela n'eut d'autre effet que de confirmer sa culpabilité, car il n'aurait pas pu retourner à Windimurra, retrouver son compagnon mort, emporter le corps à une cinquantaine de kilomètres et le brûler, puis se rendre à Youanmi, soit une centaine de kilomètres de plus, en deux heures et quart.

C'est ainsi que s'éteignit un esprit étrangement tempétueux. Avec la vie devant lui, favorisé par les dieux, doté d'un beau physique et de traits fins, il aurait pu réussir dans ce pays, poussé par la personnalité de son Docteur Jekyll ; mais les démons secrets qui sommeillent en chacun de nous, le côté Mr Hyde, était trop puissant pour « Snowy » Rowles.

1. Publié en français sous le titre *Les Sables de Windee*.
2. Petit acacia ou arbuste australien au feuillage grisâtre, qui forme une zone dense de broussailles ou d'arbustes.
3. Livre non traduit en français.
4. Traduit de l'anglais *stingray*. La raie pastenague est le terme choisi par l'inspecteur Bonaparte pour qualifier la découverte qui lui permet de conclure une enquête.

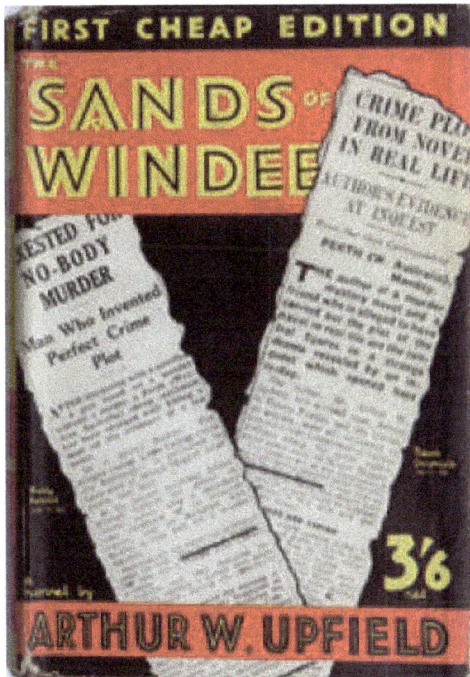

Couverture du roman *The Sands of Windee* (*Les Sables de Windee*)

Romans d'Arthur W. Upfield :

1 Le Mystère de Barrakee

2 Les Sables de Windee

3 Des ailes au-dessus du Diamantina

4 Le Business de M. Jelly

5 Un vent du diable

6 L'os est pointé

7 Le Récif aux espadons

8 Pas de traces dans le bush

9 Mort d'un trimardeur

10 L'Empreinte du diable

11 Un écrivain mord la poussière

12 Crime au sommet

13 Les veuves de Broome

14 Les Vieux Garçons de Broken Hill 15

Du crime au bourreau

16 La maison maléfique

17 Le Meurtre est secondaire

18 La Mort du'un Lac

19 Sinistres augures

20 Le Prophète du temps

21 L'Homme des deux tribus

22 Le retour du broussard

23 Chausse-trappe

24 La branche coupée

25 Bony et la bande à Kelly

26 Bony et le Sauvage Blanc

27 La loi de la tribu

28 Le méandre du Fou

29 Le monstre du lac Frome

Ebooks disponibles auprès de
ETT Imprint en 2024

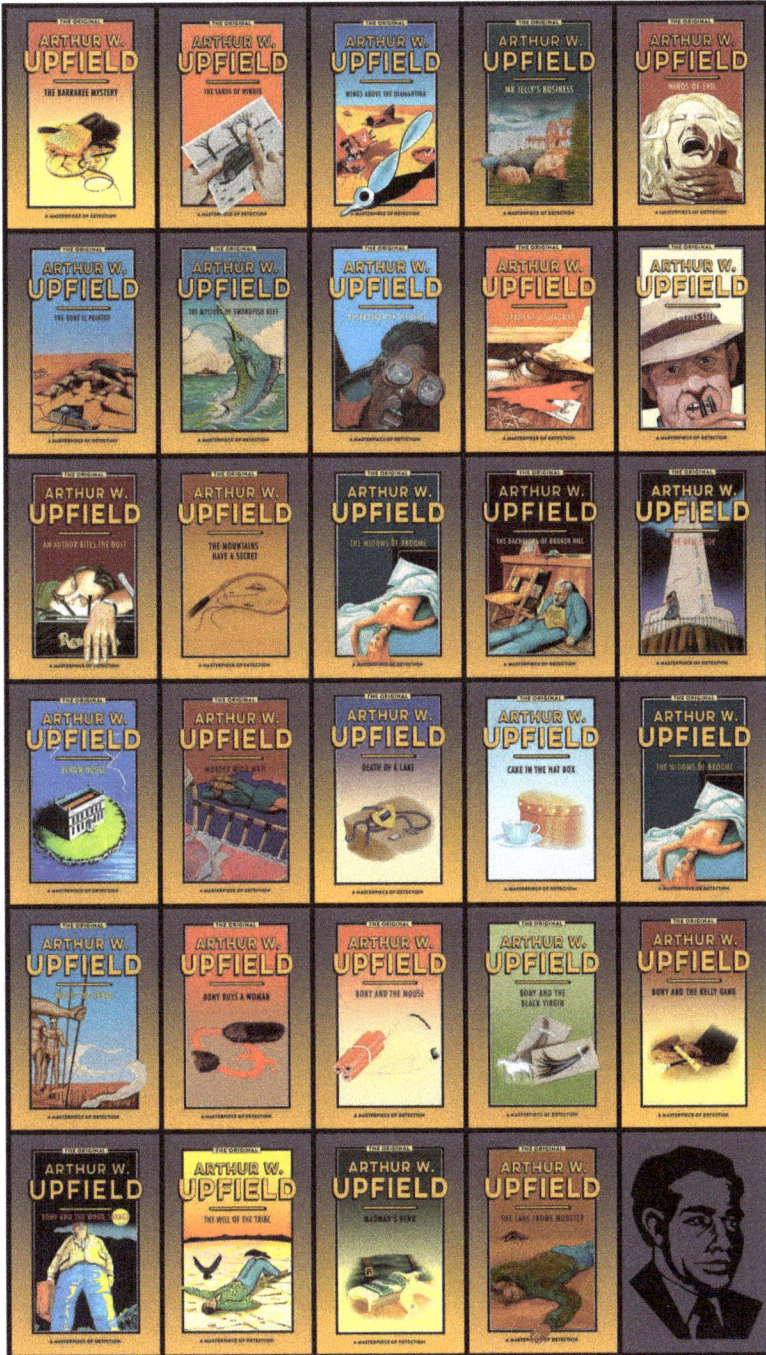

www.ingramcontent.com/pod-product-compliance
Lightning Source LLC
LaVergne TN
LVHW010316070426
835513LV00021B/2409